AUTOUR

DES

ÉLECTIONS

(SUITE ET FIN)

Par L. MAUNY

⁂

MAYENNE

IMPRIMERIE A. DERENNE

1883

AUTOUR

DES

ÉLECTIONS

(SUITE ET FIN)

Par L. MAUNY

MAYENNE

IMPRIMERIE A. DERENNE

1883

AUTOUR DES ÉLECTIONS

PRÉFACE

La plaisanterie châtie les mœurs en riant, *castigat ridendo mores*, a dit un poète. C'est pourquoi, cher lecteur, ma petite leçon de civilité, infligée au confrère que l'on sait, était assaisonnée de quelques traits piquants.

Certains ont voulu s'y reconnaître ! je ne les avais cependant pas nommés. S'ils se corrigent de leurs défauts, tant mieux ! Si, au contraire, ils entrent en furie et font, par là même, leur confession publique, tant pis !

M. Lebreton, qui ne connaît ni la *propriété* ni la *propreté* des termes, et certains inconnus, ont rédigé de prétendues réponses à mon adresse. Elles seraient certainement passées inaperçues pour moi, si l'on n'avait eu le soin, pendant toute une semaine, de les annoncer avec grand fracas, et de les expliquer partout avec de nombreux commentaires.

Des *individus* essayent, par tous les moyens, de me noircir autant qu'eux-mêmes. Je pourrais me contenter de fouler aux pieds leurs ignominies ; car je sais que l'estime des honnêtes gens me reste acquise, comme par le passé. Mais l'on comprendra, qu'en face de l'impudence de ses adversaires, un honnête homme se donne la satisfaction, non pas de se disculper, mais d'affirmer hautement son honorabilité, car la noire calomnie ne les a même pas effrayés.

L'inventeur de ces turpitudes est *un lâche* et *infâme coquin*, et les propagateurs sont des *misérables*.

Qu'ils se nomment maintenant, s'ils l'osent !

*
* *

L'auteur de la brochure, *Autour des élections*, *P. L. M.*, se nomme L. Mauny.

Qui donc se chargera de clouer ce nom au pilori ???

L'auteur le porte avec honneur et fierté ; parce que son père et son aïeul (pour ne citer que ceux-là) l'ont honoré par une vie sans reproche, toute de travail et de probité !

Que certains de mes adversaires adressent un pareil éloge aux auteurs de leurs jours ! Leur impudence ferait hausser les épaules ! on leur rirait au nez !

*
* *

PETITES HISTOIRES

Freluchet trépigne de rage. S'il pouvait seulement se venger !

Il court, de ci, de là ; va, vient, retourne encore ; mais... ne découvre rien.

Un ami plus ingénieux a cependant trouvé un moyen : la diffamation. Il faut que l'aïeul même de Freluchet soit le bouc émissaire.

« C'est moi qui suis le premier frappé, s'écrie celui-ci ; mais ma honte atteindra toute ma famille et... mon ennemi. Je vivrai content, car je serai vengé ! »

Pauvre Freluchet, homme au caractère vil et méprisable, ne devrais-tu pas être honni et chassé de partout !

*
* *

On raconte que Blancbec, ce jeune homme dont le maintien *pue* l'outrecuidance et la fatuité, enrichit le *Journal de Lassay* de ses productions littéraires.

Est-ce lui qui rédige les infamies ?

**

Chacun connaît Vieuxnoceur, ce cadavre ambulant, dont la faiblesse et la démarche chancelante font pitié !

Sa poitrine en décomposition souffle cependant encore la calomnie !

Qu'il pense donc seulement à bien mourir, après avoir si mal vécu !

**

A la suite d'une vive discussion, Lécorcheur se lève tout-à-coup, la face empourprée, les poings crispés.

« Je vais te frotter les oreilles, rugit-il. »

« C'est presque la région que choisirait un étrangleur ! réplique malicieusement son adversaire. C'est égal ! vos procédés conservent *une forte odeur de famille !* »

———

LA MORALE POUR TOUS

Grosjean ne connaît pas grand'chose aux lois de la nature. On lui a dit qu'à l'âge de trente ans un jeune homme doit songer au mariage.

En fils soumis et docile, Grosjean se met en quête d'une femme. Mais il est normand, et connaît parfaitement cette chanson de son pays :

> C'est bon, c'est bon,
> Ni oui, ni non,
> La fille, vos gens
> Ont'y de l'argent. etc...

Vieille Sophie attire ses regards, non par sa jeunesse et sa beauté, mais par le nombre de ses louis d'or. Du reste, elle est grisonnante et n'a plus de dents, car cinquante-six printemps et autant d'hivers ont passé sur sa tête !

Mais l'argent tient lieu de tout ! donc l'on en vient au mariage.

Chacun rit, Grosjean est si bête !

Lerapace, au contraire, est instruit. Par la nature même de ses études, il connaît le but essentiel du mariage.

Il sait très bien que la vie individuelle de la femme est plus longue que *sa vie sexuelle.*

Et cependant, Lerapace imite Grosjean.

Chacun accueille cette nouvelle avec un sourire de mépris.

Un médecin, interrogé à ce sujet, stigmatiserait cet accouplement d'un *gros mot* que l'on ne doit prononcer que tout bas !

Jeunes lecteurs, gardez-vous d'imiter Grosjean ou Lerapace.

Ni l'or ni la grandeur ne nous rendent heureux

dit le poète.

Ne redoutez pas le *fardeau de la paternité* ; interprétez les lois de la nature suivant leur esprit ; soyez docile à la voix de votre conscience !

C'est ainsi que vous serez des citoyens estimables et de véritables patriotes.

CONCLUSION

Il est de ma dignité de terminer cette lutte, dans laquelle, déjà, beaucoup ne se sont que trop avilis.

Pour rester fidèle au principe énoncé dans ma préface, je conclus ainsi qu'il suit :

Au début de l'attaque, mes adversaires vous ont montré un *pauvre bourriquet*.

Sur le champ de bataille reste un dindon. Ce sera le *dindon de la farce*, mon gros confrère, qui dans son aveugle jalousie, ne s'est pas aperçu qu'il me hissait sur ses épaules, afin de me mettre en évidence aux yeux des honnêtes gens !

Imp. A. DERENNE, Mayenne, — Paris, boul. Saint-Michel, 52.

Imp. A. DERENNE, Mayenne. — Paris, boulevard Saint-Michel, 52.